Riccardo Ruggeri

A NY alla caccia di segnali deboli

Tutti i ricavi, diritti compresi, di Grantorino Libri editore in Torino sono devoluti a Hagar International Foundation. Fondata nel 1994 dallo svizzero Pierre Tami, Hagar è un'organizzazione cristiana impegnata a restituire speranza e dignità a donne e bambini.

www.grantorinolibri.it
editore@grantorinolibri.it
ISBN 978-88-905246-5-3

Edizione Settembre 2014

Copyright © 2013 Grantorino Libri S.r.l., Editore
Piazza Maria Teresa, 3 - 10123 Torino

Copertina
Art Direction: Franco Lima
Editor: Marco Piraccini

A Virginia, a Carla Maria,

a Jacopo, a Ada Rosa

INDICE

Prefazione

Non ci poteva essere un titolo migliore, *"A NY alla caccia di segnali deboli"*, per questo libro di Riccardo Ruggeri che raccoglie il lungo reportage da lui compiuto a New York per conto di *ItaliaOggi*. Questo, del resto, era il proposito di Ruggeri prima di attraversare l'Atlantico. È andato a New York, come fa, da molto tempo, periodicamente, per annusare l'aria del cambiamento che viene dalla capitale del mondo. Ruggeri non ha fatto questo reportage come, in genere, fanno i grandi giornalisti d'inchiesta nostrani che partono dall'Italia portandosi, nella cartella, i ritagli dei grandi giornali internazionali che dicono, magari autorevolmente, le cose che i lettori di un giornale specializzato nell'economia come *ItaliaOggi*, sanno già.

Ruggeri è partito alla scoperta del nuovo che è sottotraccia. Senza prevenzioni ma con l'attenzione dell'entomologo che analizza i piccoli dettagli. I trend (o, se vogliamo, i *mega-trend*) sono fatti già accertati, descritti, analizzati, certificati. Agiscono oggi, ma già rappresentano il passato. I segnali deboli invece anticipano il futuro: ma questi segnali non si scoprono nelle statistiche, negli andamenti di borsa, nei gossip societari. Si individuano leggendo le facce delle persone che camminano per strada, andando per mostre, guardando i cantieri, sbirciando la moda di strada, adocchiando le *silhouette* alle volte smodatamente eccessive, chiacchierando con i tassisti o con i portieri di albergo, frequentando i ristoranti alla moda (dove i clienti facoltosi si lasciano andare e gli chef pontificano spesso sul nulla).

È da questa molteplice osservazione (rilassata ma non svagata) che Ruggeri scopre la New York vera, la megalopoli che, accanto ai tuoni e le saette (non sempre negativi, anzi) che proietta in tutto il mondo, manda anche dei segnali deboli e che, proprio per essere tali, sono percepiti da pochi. Questi segnali vanno, infatti, visti con occhi strabici. Ad un tempo, innocenti e "saputi", come dicono a

Napoli. L'innocenza, infatti, consente di vedere le notizie che non fanno notizia ma che, ciò nonostante, cambiano il mondo. L'esperienza, invece, consente di valutare questi impercettibili frullii di ali e di derivarne le conseguenze che, per il momento, non sono esplicite ma che stanno già agendo.

Sinora i lettori di *ItaliaOggi* (che, su questo quotidiano, leggono quotidianamente *Il cameo di Riccardo Ruggeri*) sono stati gli unici, fortunati ed esclusivi fruitori di questo reportage di grande leggerezza espositiva e di grande profondità concettuale. Adesso, con questo riuscitissimo libro, l'opera di Riccardo Ruggeri, viene allargata ad altri e nuovi interlocutori. Anche se sono certo, perché li conosco e so quanto siano legati ai quotidiani articoli di Ruggeri, gran parte degli acquirenti di questo libro davvero unico, saranno i lettori di *ItaliaOggi* che vorranno leggere tutto di un fiato un grande reportage che sinora hanno bevuto a sorsi. E fra questi, il primo sono io.

Pierluigi Magnaschi
Direttore di Italia Oggi

Riccardo Ruggeri

A NY alla caccia di segnali deboli

Una giornata a NY fra *app*, ogm, ormoni animali

Era il 1979. Molto spesso andavo per lavoro negli Stati Uniti, quella volta mi accompagnò, per non so quale premio, mio figlio Luca, diciasettenne. Quando il *747* Alitalia fu in quota il comandante gli concesse l'*upgrading*, dalla turistica alla prima, accanto a me. Gli dissi di godersi il viaggio, di osservare e memorizzare tutto, perché un viaggio così non l'avrebbe più fatto. La mia era una battuta, non sapevo che il lavoro di Luca, molti anni dopo, l'avrebbe portato a diventare un viaggiatore seriale, ma il comfort e il livello di servizio raggiunto dall'Alitalia di allora non si sarebbe più ripetuto, per nessuna compagnia al mondo. Per esempio, il cibo del *Concorde*, al confronto, era da mensa aziendale. La sera andammo a vedere gli *Yes* al Madison: uno spettacolo per me sconvolgente, migliaia di fiammelle (accendini) nel buio, e nel silenzio più assoluto. In quelle due ore di musica capii il mondo dei giovani più che se avessi letto decine di trattati di sociologia. Dopo esserci stato un centinaio di volte, dopo 35 anni ci torno, con Luca, a ruoli invertiti, lui va a lavorare, io a respirare l'aria della Capitale dell'Occidente, cercare di annusare gli odori del progresso (?), cogliere i segnali deboli per capire i trend futuri (?). Allora io lo proteggevo, oggi Luca protegge me (a 80 anni ho deciso che nei voli intercontinentali non viaggerò più solo ma con le mie nuore o figli). In questo caso sono ultra protetto, a NY trovo anche Elsa, la padrona di casa. Il mio programma prevedeva l'arrivo a NY alle 12 e l'utilizzo del pomeriggio-sera per capire certi trend di basso impatto (?). Come liberale dovrei essere a favore di *Uber*, ma da liberale-anarchico preferisco privilegiare la disistima umana che provo verso l'arrogante *trustbuster* Kalanick (ieri la sua società ha raggiunto a WS una capitalizzazione di 12 miliardi di $, una nuova *azienda bolla* è stata assunta in cielo), per cui mi riservo fin che posso il privilegio di non usarlo. A NY i taxi sono talmente efficienti, almeno per me, che non c'è *app* che tenga. Poi le limousine di Kalanik mi imbarazzano: troppo lunghe, troppe ruote, un ridicolo bar, da mafioso di terza generazione o da banchiere d'affari: kitsch allo stato puro. Come liberale, mi dicono, dovrei essere anche a favore degli ogm e degli ormoni nella carne bovina, ma proprio non ce la faccio. Condivido la globalizzazione dei prodotti, ma non di quelli con cui mi alimento, per cui ho trovato una soluzione di compromesso. Una volta all'anno, a NY, da *Smith & Wollensky* (3rd Avenue), faccio una scorpacciata mixata di ogm e di ormoni bovini, divorando bestiali pannocchie arrostite e fantozziane bistecche T-bone, con colatura di ogm e di ormoni, come fossero alici di Cetara. Mentre mangio mi sento un'eroe-cavia di Monsanto, immerso nell'atmosfera di Seveso. Due bicchieri di un rosso californiano, costosissimo ma ovviamente scadente, avendo dovuto sottostare al bombardamento chimico della settantina di additivi ammessi dalla legge Usa per il vino, completano la cena. Ho pagato il mio obolo annuale al rispetto (formale) dell'idea liberale della concorrenza. Confesso che sarei più tranquillo se il "mio maestro" Luigi Einaudi mi confermasse che mi posso considerare liberale, pur rifiutando di assumere alimenti e *app* così sgradevoli, soprattutto poterne parlare a piacimento, e non essere considerato un gufo perenne. Interessante la nuova moda esplosa a New York, alla quale invece mi adeguo ben volentieri: bere *half-serving* o meglio *short-drink,* versione ristretta delle più classiche miscelazioni alcooliche. Nato nell'East Village, dove è entrato nei

14

menu con la doppia denominazione, *regular* e *short,* ha avuto un immediato successo. Gli americani al solito fissati di avere per qualsiasi prodotto, cocktail compresi, la "gamma completa", hanno realizzato al *Gin Palace* (95th street) un gin-tonic con la possibilità di utilizzare ben 72 gin diversi. Però solo nella versione "alla spina", una *app* alcoolica tipo *Uber.* Non mi sento ancora culturalmente attrezzato al "gin tonic alla spina", sono scioccamente aggrappato al mondo di Bond, James Bond. La prima giornata nella capitale dell'Occidente è passata; curiosamente prima di addormentarmi ho riflettuto sull'accordo Putin-Xi. Pensando ai miei amati nipotini, questa invece mi pare, per loro, una buona *app,* di riserva a quelle fallimentari di Washington e di Bruxelles.

Una giornata a NY al 9/11 Memorial Ground Zero

Ho speso 24$ per visitare il cimitero di Ground Zero, appena inaugurato da Obama, senza provare neppure lontanamente la commozione che, quarant'anni fa, mi avvolse nel visitare, gratuitamente, il cimitero di Arlington, in Virginia. Forse perché quello venne creato nel terreno adiacente alla casa del mito della mia giovinezza cinematografara, il generale Lee (la cui giubba mai fu blu). E dire che le condizioni c'erano tutte: il percorso si svolge nelle viscere della terra, tu ti immedesimi in quelli che, un giorno, saranno gli inferi. La scenografia è grandiosa (l'ha curata Alice Greenwald, del Museo dell'Olocausto di Washington), le grida, la voci, i suoni, il rumore di fondo che ti accompagnano sono sconosciuti in tutti i luoghi simili che ho visitato. Ma il percorso è costruito come un film (infatti ti fanno pagare il biglietto), manca il pathos, il *"silenzio urlato"* di Hiroshima e di Nagasaki, l'unico luogo in cui mi sono vergognato di essere un uomo. A non fare scattare le emozioni profonde sono state probabilmente la perfezione stilistica del tutto, concepita dall'archistar di turno e l'orrendo, impresentabile *gift shop* che, giustamente, il *Washington Post* ha bollato come "merchandising dei morti", associandosi all'ira dei familiari dei caduti. Personalmente non mi sono stupito più di tanto, siamo a qualche blocco da Wall Street, quella è la cultura dominante della classe dominante americana ed europea: per costoro, che altro è il mondo se non un "derivato", da cui intascare una ricca commissione? L'unica emozione l'ho provata nel raggiungere il "letto di granito" al quale erano ancorate le due torri, prima di essere sradicate per sempre dagli uomini di Al Qaeda. Osservando le gigantesche travi d'acciaio recuperate, capisci che quei tragici monoliti ci rappresentano. Noi occidentali siamo così: tante chiacchere intrise di nobiltà, di forza apparente, ma in realtà siamo dei pavidi, dei cacciaballe, persino con noi stessi. Quell'11 settembre ero sul terrazzo di casa, quando mio figlio al telefono attacca con una frase incomprensibile «non state in pensiero, noi siamo a 8 blocchi dalle Torri Gemelle». Da quel momento, anche se allora non lo sapevo, il mio rapporto con gli Stati Uniti cambiò. Fui, come tutti, col Presidente Bush favorevole alla caccia a Osama ovunque e con ogni mezzo, e anche alla guerra in Afghanistan, con annessi e connessi. Solo anni dopo capii che avevo sbagliato, e di grosso. Non avevo compreso che gli americani, forse a loro insaputa, non erano più in grado di fare una guerra, erano diventati come noi europei, degli eunuchi ridotti a minacciare sanzioni economiche a chi vive di ideali, saranno pure criminali, ma ideali restano. Niall Ferguson, il grande storico, ci dirà poi che gli Stati

Uniti non sono più un "Impero", possono solo decadere come tutti gli altri nella storia, dal momento in cui «*le spese degli interessi sul debito superano le spese per la difesa*» (Obama ce l'ha fatta a raggiungere l'obiettivo) e i cittadini «*non sono più disposti che i loro figli muoiano per la Patria*». Tutto qua, tutto legittimo, sia chiaro, ma allora devi prendere atto che sei diventato un bottegaio, e da bottegaio (sia pure con lo smoking di Wall Street) comportati, senza fingere di essere un leader politico mondiale. Il 9/11 Memorial di Ground Zero lo trovo imbarazzante, a 13 anni dall'evento si capisce che gli americani, e i newyorkesi *in primis*, hanno voluto dimenticare in fretta e furia la loro Hiroshima, pensando di superarla, ma così non sarà: le leggi della storia sono spietate con i deboli. Piuttosto che questo "sputo architettonico" da archistar in paillettes, era meglio lasciare questo spazio *nature*, e ogni tanto farlo impacchettare da Christo. Così sarà null'altro che una grande attrazione turistica, una mini Orlando della morte (senza il ricordo), alcuni (pochi) se ne dispiaceranno, altri spiegheranno che solo così sarà possibile finanziarsi, diventerà uno dei tanti casi in cui si ha la presunzione di far vivere insieme vocazioni morali inconciliabili. È il mondo che ci siamo costruito, è orrendo, lo stiamo capendo giorno dopo giorno, ma è così, fatto a nostra immagine e somiglianza. Confesso, non riesco a farmene una ragione.

Una giornata a NY parlando di Repubblica Ceca e di multinazionali

Era il 1993. Chiesi ad A. se voleva farmi da consulente per le attività di advertising negli Stati Uniti. A. aveva frequentato lo stesso liceo dei miei figli, si era trasferito a New York alla metà degli anni '80, e operava nel settore. Mi rispose che ne sarebbe stato entusiasta, c'era però un problema, disse, che io dovevo conoscere: aveva deciso di fare outing sulla sua omosessualità, e l'avrebbe fatto a Natale, io ero la prima persona a saperlo, dopo i suoi genitori. Gli risposi che il mio razzismo-omofobia iniziava e finiva col binomio Juve-Toro, era legato a una palla che rotolava e a una maglia, con o senza righe: iniziammo a collaborare. Quando smisi di fare il Ceo, ogni anno che venivo a NY ci incontravamo, lui diventava sempre più ricco, lo percepivo da tanti segnali, poi all'inizio degli anni 2000 fu licenziato, il compagno che amava lo abbandonò, ogni anno lo vedevo "deperire", soprattutto psicologicamente (per un anno fece pure il dog sitter), si lamentava che la comunità gay newyorchese non lo aiutasse: sosteneva che erano diventati maggioranza, prendendo tutti i difetti dei gentili. Alcuni anni fa si riprese, trovò un lavoro ben retribuito, si sposò con una ragazza ceca, figlia di un politico, di vent'anni più giovane. Abbiamo passato un pomeriggio insieme in un locale di Union Square, per la prima volta non mi ha parlato di se stesso o della comunità gay, ma della Repubblica Ceca, si capiva che si era identificato in essa. Ho imparato molte cose: i cittadini della Repubblica Ceca hanno, contemporaneamente, una diffidenza assoluta verso l'euro e l'Europa, e una totale mancanza di fiducia verso il loro futuro, al punto che non si fidano neppure dei loro partiti euroscettici. Contestano all'Europa di non essere un'entità *"stabile e prevedibile"* e di occuparsi in modo superficiale e burocratico di problemi che incideranno in modo drammatico, non solo sul loro futuro, ma sulla loro quotidianità. Interessante la critica sulla colonizzazione da parte dell'UE, che loro fanno risalire, non tanto agli euro burocrati (come pensavo io), quanto agli interessi delle multinazionali. Vivono con timore il prossimo accordo di libero scambio fra Usa e UE, specie le decisioni arbitrali nelle controversie Aziende-Stati che metteranno al centro del grande gioco le multinazionali euro-americane, attrezzate per colpirli nei loro interessi vitali. Si rifiuta di pronunciare il nome, vergognandosene, ma si capisce che vede nel Putin della Siria e dell'Ucraina l'unica garanzia verso lo strapotere di costoro. Lo penso anch'io, a differenza sua non ho il timore di dirlo. Mi è grato di questo outing. L'amico A. non è più il ragazzo gioioso e pieno di problemi nei quali per alcune ore mi immedesimavo (pur non potendoli risolvere), ora è un uomo sposato, intellettualmente sfaccettato come prima, diventato maturo, ma sempre ricco di sensibilità, che me lo rendono caro. L'80% dei ceki (sic!), ha concluso, si sono rifiutati di votare per disistima verso questa Europa dei vari Martin Schulz, e di chi li rappresenta nei diversi paesi. «Come vi capisco, ma siete sicuri di esservi liberati di Martin Schulz? Quelli della sua orrenda genia hanno molte vite». Ci lasciamo con questa domanda. Ne parleremo, chissà, il prossimo anno.

Una giornata a NY a caccia di metafore in quel di Brooklyn

Dopo una settimana a NY, posso trarre un primo bilancio: eccellente, al solito, l'hotel in Soho (*The Mercer*), solo 5 piani, stesso personale, clienti (molti del mondo della moda) silenti, garbati, piccole camere in stile minimale, poca tecnologia (interruttori anni '50, in su la luce si accende, in giù si spegne). Alle 7 pm, in camera: tre vietnamiti (di certo nipoti di vietcong), due donne, un uomo (parità di genere rispettata) si introducono nella stanza con molti inchini, le donne affrontano il riassetto della camera, l'uomo del bagno.

L'efficienza e la velocità con cui lavorano è stupefacente, pare un balletto, pochi minuti e se ne vanno, inchinandosi. La leader del gruppo torna con un vassoio, sopra ha una bottiglia di rara eleganza, appena capisco che me la vuole consegnare, per evitare le mie solite gaffe, scatto in piedi, come fossi a Stoccolma per il Nobel, la prendo, ringrazio, lei sorride, si inchina, se ne va. Sulla bottiglia, in senso verticale, a caratteri grandi, c'è scritto *VOSS*. Scopro che è acqua artesiana proveniente da Vatnestrøm (Norvegia), accanto a una lunga lista di elementi c'è scritto "zero", solo alla voce "calcio" ci sono 5 mg/l, e un miserabile 1 mg/l di "magnesio". Sono zero pure le calorie, i grassi, il sodio, i carboidrati, le proteine. È il niente del nulla, prendo coraggio, la bevo: è acqua, e sa pure di acqua. Curiosi i newyorchesi della classe dominante, si "fanno" spesso di tutto, dalla coca in su o in giù, ma sull'acqua non transigono, la vogliono pura, come quella al tempo dei dinosauri. La mia attività di cogliere i segnali deboli, per cercare di capire i trend politico-economici-culturali rivolgendomi non ai "professoroni", ma alle classi medio basse è stata soddisfacente, nel bosco di NY ho raccolto molti funghi, ora si tratta di ripulirli, selezionarli, classificarli, metterli sott'olio: ci campo un anno. Non altrettanto le indicazioni di trend: la classe dominante l'ho trovata bene in sella, cavalca la crisi con grande abilità e criminale spregiudicatezza, continua a cercare di rendere noi della classe medio-bassa sempre più poveri, affinché ci si scanni fra noi per strapparci lavori idioti a compensi da fame (questo è il target). Ci stanno riuscendo alla grande. Oggettivamente, come dicono i colti, non intravedo alcuna possibilità di abbatterli, solo la magistratura potrebbe farlo (ne hanno un terrore folle). Per chi ha interesse alle metafore, che si ripetono in forme diverse ma con uguale intensità, suggerisco di andare a Brooklyn, nel capannone di stoccaggio dello zucchero della ex Fabbrica Domino (1927): ricorda certi stabilimenti fatiscenti della Fiat, ove i muri trasudavano di olii industriali esausti e i pavimenti in legno pieni di trucioli di ferro, mentre qua è la melassa che la fa da padrona. L'afro americana Kara Walker, in questo luogo senza tempo ha costruito una gigantesca Sfinge, di quel bianco in purezza come lo sono solo i denti da latte dei bimbi, pudica e introversa come la sua cuginetta egiziana, ma lei è più dolce, è di zucchero. Il titolo *A subtlety* (una sottigliezza), viene completato da una spiegazione puntuale «*La meravigliosa donna di zucchero, un omaggio agli artigiani sfruttati e sottopagati che hanno raffinato i nostri dolci sensi, dalle piantagioni di canna da zucchero alle cucine del nuovo mondo*». Il *NYT* sottolinea come la Sfinge esalti le disfunzioni prodotte dalla schiavitù: sfruttamento sessuale, fisico, razziale (se lo dice lui, così sarà). Il Senato, 90 anni fa, deliberò un monumento in onore delle *Mammies:* ovviamente non fu mai costruito, ora l'ha fatto Kara Walker, a sue spese. Nei giorni in cui veniva inaugurata questa Sfinge, partendo proprio da NY, ma irradiandosi poi per tutto il globo, è nato il primo sciopero generale dei fast food (per intenderci quelli che a NY, il top della paga, prendono 8 $/ora). Nuove *Mammies* nascono, la Sfinge di zucchero raffinato mi osserva col sorriso enigmatico della Gioconda, cosa succederà? Forse lo scoprirò il prossimo anno.

Una serata a NY osservando un nuovo modello di business culinario

New York è da tempo il più grande esperimento socio culinario del pianeta. Qui vengono declinate tutte le cucine del mondo, qui trovi le materie prime più pregiate, che ti trasformano le papille gustative in organi sessuali accessori, oppure quelle più orrende: a volte ciò che mangi può sembrarti merda, tranquillo, è commestibile, perché certificata dall'inappellabile Food&Drug Administration. Qua il *junk food* raggiunge vette altissime, così lo *street food* e su, su, fino alle tre stelle Michelin che difende, sempre più debolmente, l'indifendibile: la cucina francese. I becchini della "grandeur" non sono stati solo i politici alla Sarkozy o alla Hollande, ma i francesi stessi, che proteggendo i loro sciagurati chef hanno continuato a "mangiare francese", senza accorgersi che stavano affogando nel *roux*. New York, cosmopolita per eccellenza, non dimentica il passato, le patate ricordano che sei circondato da irlandesi, i cetrioli da ebrei, gli spaghetti da italiani, gli jalapeño da messicani, e così via, ma oggi i grandi chef stanno volgendo lo sguardo sempre più verso l'Asia, usano materie prime giapponesi, alghe e pesci del Pacifico, di europeo rimangono i vini. Hanno intuito che il secolo, cominciato americano, finirà nippo-cinese, e si adeguano? In questo viaggio volevo scoprire nuovi modelli di business adottati dall'alta ristorazione in tempi di crisi economica. Ho cenato nel ristorante che, mi pare, meglio abbia interpretato questi vincoli-obiettivi: *Chef's Table at Brooklyng Fare* di César Ramirez, chef messicano, personaggio di rara eleganza, in cucina e nella vita (a proposito, veste Rick Owens). Come linea culinaria si ispira al nostro Bottura, ma non era il cibo che mi interessava, il cibo "vincente" ormai è quello standard dei *The world 50 best restaurants* (sono tutti figli di Ferran Adrià), ma non il mio. (Seguo un altro criterio, che mi porta a preferire Giampiero della *Corona Reale* di Cervere, Federico del *Torrione* di Vallecrosia, i Macario del *Nazionale* di Vernante, con materie prime di ben altro livello, seppur con tecniche mutuate da costoro). L'idea di fare una *chef table* di 2-4 posti, adiacente o dentro la cucina, era nata in Europa un decennio fa, ma non aveva sfondato. César Ramirez l'ha trasformata in una strategia di business, ha portato tutti i 18 clienti in cucina, eliminando la sala: si vive in comunione, lo chef lavora, i clienti lo osservano, poi mangiano: interazione totale. La "tavola a ciambella" (nel "buco" una ragazza-domatore dà il ritmo, interfacciandosi con i singoli clienti), per due terzi è occupato dagli ospiti, per un terzo è il piano di lavoro dello chef. Così, i clienti tendono a lasciar fuori i loro problemi, si focalizzano sulla creazione dei piatti, sulle dinamiche della brigata di cucina: uno spettacolo, nello spettacolo. Le regole sono ferree: la prenotazione è solo per due persone (niente single o dispari), preavviso 4 settimane, due turni, alle 18,30 e alle 21,30 (durata ciclo: 3 ore), 255$ più tasse, più mancia 20% obbligatoria (in pratica tu paghi il salario ai suoi dipendenti), l'importo viene trattenuto in automatico alla prenotazione, il conto finale riguarda i vini: solo la morte può costringerti a rinunciare, i 18 posti sempre occupati. Il modello di business è geniale: la logistica scelta dimezza spazi e percorsi (affitto), dimezza il personale (chi cucina serve pure), elimina anche il *maître*, il magazzino è abbattuto, così gli scarti. César sa che ogni giorno deve preparare 36 pasti identici, con una ventina di mini-portate, decise solo da lui; avendo il 100% di occupazione garantito per tutto l'anno, ha la certezza di incassare circa 15.000$/giorno. Ricavi fissi, approvvigionamenti coerenti, rendono il conto economico conseguente. È il modello di business e di management ottimale: livello di servizio aumentato, costi abbattuti, profitti in crescita, soprattutto resi strutturali. La location prescelta, Brooklyn, abbatte radicalmente i costi dell'affitto rispetto a Manhattan, di contro il cliente si sente sicuro: di fronte c'è una stazione di polizia. La qualità dei prodotti è il meglio del Giappone, il macchinario di cucina fantascientifico, fumi e odori assenti, le stoviglie rigorosamente tedesche (600$ a pezzo). César e i cinque assistenti (donne) si muovono come fossero in una camera operatoria (inguantati e vestiti come chirurghi), la focalizzazione sul piatto maniacale, mentre i clienti, convinti di essere al Metropolitan si godono il balletto. Lo stress per i clienti è assente: non devi scegliere il menu (non esiste), devi solo dichiarare alla prenotazione eventuali intolleranze, hai già pagato, devi solo far funzionare occhi e papille gustative. Eri convinto di andare al ristorante, sei invece entrato in una casa di piacere. L'orgasmo finale avviene quando è giusto che avvenga. Prosit.

NY e l'America stanno declinando, ossessionati dal cibo

Il 1964 fu un grande anno. Il 21 luglio nasce Fabio, il 25 a New York Andy Warhol, dal 44° piano del Time-Life Building, con una cinepresa fissa, riprende in bianco e nero l'Empire State Building, dalle 22,06 alle 2,42 del giorno dopo. Molte le metafore insite in quel filmato: l'inazione come scelta, la percezione come soggetto, la psiche come protagonista. È l'anno dell'Esposizione Universale di NY al Corona Park. Esattamente 50 anni dopo, del Corona Park di allora, che adesso si chiama *Flushing Meadows* (conosciuto come tappa del grande slam), dei suoi tanti edifici pretenziosi d'allora, resta solo il grande mappamondo d'acciaio lucente, i padiglioni rimasti in piedi sono fantasmi di un'epoca che fu, i più fortunati di loro abbattuti. Quelli erano gli anni delle nuove tecnologie, tutti gli americani erano determinati ad andare sulla luna, noi europei credevamo, con loro, a una crescita illimitata, si pensava che nessun traguardo ci fosse precluso. Eravamo giovani, illusi, perdonateci. Purtroppo, non era così, il vecchio mantra kennediano, secondo il quale la marea che sale fa salire tutte le barche, sia quelle a remi del pescatore povero sia il panfilo del ricco banchiere, subito ha smesso di funzionare (almeno per la barca a remi, il mare fu sempre piatto), così il mitico "ascensore sociale", che dava a tutti noi poveri una chance (se studiavi e lavoravi duro), è fermo al secondo piano, in perenne manutenzione, gli altrettanto mitici resort del lago Teedyuskung in Pennsylvania, che 50 anni fa ospitavano i newyorchesi, nuovi ricchi della classe media, oggi, declassati di standard, sono occupati da immigrarti asiatici. Il "riordino del ponte del Titanic dopo il naufragio", immaginifica espressione di Fareed Zakaria, si sposa con l'idea ridicola di Obama "si può guidare il mondo dal sedile posteriore dell'auto", sono la difesa colta del declino dell'America, che pare inarrestabile, al di là dell'assegnare la colpa del disastro ai Clinton-Obama o alla Famiglia Bush. In fondo se lo sono voluto loro (ma a pagarlo hanno chiamato anche noi), banchieri, politici, regolatori, hanno creato una massa mostruosa di debiti in giro per il mondo, realizzando un criminale rompicapo globale, un Rubik praticamente insolubile. In questo disastro politico-economico-culturale delle élite democratiche e repubblicane (ormai da 20 anni in perenne grande coalizione), ove le classi medio-povere si stanno sempre più unificando verso il basso, noto come curiosamente cresca a dismisura l'ossessione del cibo. Significa forse che ci stiamo avvicinando ad una grande carestia? E che i poveri la percepiscano in anticipo, avendo acquisito le sensibilità un tempo dei cani prima dei terremoti? Il best seller del momento è *I Middlestein*, di Jami Attemberg, dove la patriarca della famiglia, brillante avvocatessa cibo-dipendente (150 kg), preferisce sacrificare un'intera vita di successi professionali e famigliari, piuttosto che rinunciare all'amato *junk food*. Nel romanzo tutti mangiano, sempre e ovunque, parlano di cibo in continuazione, ma nessuno cucina: per me qui sta la chiave di comprensione del fenomeno. Se deleghi a una multinazionale la tua alimentazione, se non ami la materia prima, se non ami cucinare, puoi essere un uomo libero? Sempre a proposito di cibo, i newyorchesi stanno dibattendo l'ultima *app*, il *Soylent Green*, idea di un giovane ingegnere informatico di Atlanta, che è andato al cuore del problema. Stufo di cibarsi dei cheeseburger di McDonald's ha avuto, seppur non in un garage, la mitica business idea: «*abbiamo bisogno di carboidrati non di pane, di aminoacidi e lipidi non di latte, e così via*». Arriva a una formuletta che raggruppa tutti i nostri fabbisogni alimentari trasformati in elementi base, ordina su internet le varie polveri, le dosa, le frulla, ed ecco il pupo: *Soylent Green*, un beverone beige, dal sapore incerto, ma pare non sgradevole. Fa la prova su se stesso, economicamente ne è entusiasta: prima mangiava schifezze solide e spendeva 400$/mese, ora liquide e solo 70€. Afferma: «*i miei denti ora sono più bianchi* (presto, non usandoli, gli cadranno), *la forfora è sparita, mi sento come Dio*» (tutti fissati con Dio, questi Blankfein in erba). L'*app* è definita, i venture capital hanno investito, i kit sono pronti, il prezzo in rete fissato (85$ per 21 pasti), il *NYT* gli dedica continui articoli, Wall Street freme per valutarla subito miliardi di dollari. Fruttivendoli, macellai, panettieri, ristoranti, guide, stelle, tavoli, lavastoviglie, e così via, sono terrorizzati di scomparire. Con l'*app Uber* ci si muove, con l'*app Soylent Green* si mangia e si beve, resta il sesso: per l'uomo l'hardware dell'*app* c'è già, la mitica bambola gonfiabile, si tratta solo di digitalizzarla. Le donne sono complicate, che app inventarsi? Mi avvio, a piedi, al 205 East Houston Street, da *Katz Delicatessen*: è il top dei sandiwich ebraici a base di pastrami (carne marinata e affumicata) e pane di segale. Gli ebrei lo mangiano da 2.000 anni, sono i più intelligenti del pianeta, hanno il 50% dei premi Nobel: lo faccio anch'io. Senza *Uber*, soprattutto senza *Soylent Green* (ma con la forfora) me ne torno a piedi in hotel. Arrivederci NY, ci vediamo il prossimo anno, per festeggiare i 50 anni della Ford Mustang.

Sulla "povertà" in America Angelo Codevilla mi scrive, io rispondo

Giorni fa, di ritorno da New York, ho scritto un cameo, pubblicato su *Italia Oggi*, ove cercavo di trasferire ai lettori il mio timore che la "capitale del mondo occidentale" non fosse più, come in passato, un crogiolo di etnie, culture, storie umane. Osservavo l'aumento esponenziale dei poveri, affermavo che l'ascensore socio-economico americano da anni è fermo, alcuni lettori sono convinti che l'ascensore sia irrimediabilmente guasto, altri che sia in manutenzione. L'amico Angelo Codevilla, professore in diverse università americane, collaboratore del Presidente Reagan, diplomatico, scrittore (come editore ho pubblicato in italiano il suo celebre libro *Ruling Class*), superbo traduttore del *Principe* di Machiavelli, dalla California mi scrive:

Caro Riccardo

Mia mamma ed io arrivammo a NY negli anni '50, una valigia a testa e venti dollari in due. Poveri per strada non ce n'erano. Lei faceva la sarta per 35$ alla settimana, io oltre a studiare vendevo giornali per 4$ alla settimana. Non sapevamo una parola d'inglese.

A quei tempi, se si aveva voglia di lavorare, l'ascensore socio-economico c'era, eccome. Mia mamma ha finito come disegnatrice di abiti da sera ed io ho fatto il diplomatico statunitense, ed anche più. Mi ricordo la prima volta che tagliai l'erba per un signore: mi diede cinquanta centesimi d'argento. Moneta vera, il valore del quale nessun governo poteva svalutare. Che momenti gloriosi.

Hai ragione, caro Riccardo, oggi non è più così. Angelo.

Caro Angelo,

sono (stato?) innamorato dell'America, la frequento da oltre 40 anni, ci sono vissuto, da 15 anni ci vado almeno una volta all'anno, eppure ogni volta che ritorno in Europa provo una tristezza infinita. Il "cambio" lo faccio risalire alla Presidenza Bush padre, quando, tra l'altro, fece fermare le truppe a 50 km da Bagdad, nessuno capì perché; dopo questa Presidenza (*"read my lips, no new taxes"*), tutto non fu più come prima. Poi il declino si accentuò con le sciagurate Presidenze Clinton, Bush figlio, e ora Obama (poveri americani, mi ricordano quelle squadre di calcio blasonate che al 20' del secondo tempo perdono 3-0, e non vedono l'ora che la partita finisca). E se sarà Presidente Hillary Clinton,

gli americani diventeranno come i romani dell'epoca di
Caracalla. Che pena. Al disastro dei politici, si è
aggiunta l'andata al potere di loschi finanzieri-banchieri
(questi già da tempo immersi nell'epoca di Caracalla),
hanno sostituito oro e argento con euro-dollaro,
facendoli diventare via via "carta straccia". E ora si
inventano persino un'evoluzione della "carta straccia",
una cripto moneta, chiamata "bitcoin", che più straccia
non potrebbe. Malgrado ciò ogni volta cerco degli
aspetti positivi nella "mia" America: non vi trovo mai
nulla. Da anni sento ripetere il ritornello sul business
case Apple, con i suoi iPhone e iPad. Sia chiaro sono
due oggetti meravigliosi, senza dubbio hanno cambiato
il mondo. Così come Ford con la "T" nel '900 ci ha dato
la libertà di muoverci, Apple ci ha concesso la libertà di
comunicare. A cascata sono nati i "social" (lo confesso,
con Twitter mi diverto a lanciare piccoli "sputi" in Rete,
e leggere spesso fregnacce che non saprei come cogliere
altrimenti). Poi ci sono infinite *app* (ai tempi
dell'officina le avremmo chiamate "seghe mentali"),
ovvie evoluzioni del nulla. I loro utenti vogliono essere
costantemente connessi, convinti di essere immersi nella
realtà, che credono essere quella riflessa sui loro display:
dei poveretti. Siamo noi vecchi colpevoli di tutto ciò,
aver creato un mondo di individui "fatti con lo
stampino", freddi, magri, ieri depilati ora con barbetta
accennata, senza sogni, senza entusiasmi, senza coraggio
(se non verbale), dei poveracci che si alimentano con
cibi globali finti, "abbattuti": definizione perfetta del
non cibo. L'odierna *haute cuisine* non prevede neppure
più il cucinare, ma il solo l'impiattare: attività da
"vetrinisti". E poi, curiosamente, costoro fanno solo
"sesso estremo" (che sarà mai?), si imbottiscono di
farmaci e droghe di ogni tipo, però sono salutisti, spesso
vegani. L'aspetto per me più doloroso è il cartello con

cui l'America oggi ti accoglie: *"Do not disturb"*, dimenticando persino il *"Please"* d'un tempo. Malgrado tutto, io spero ancora. Ogni tanto faccio un sogno: vorrei che l'America tornasse leader dell'Occidente, proponesse a tutti noi di matrice giudaico-cristiana di votare per una Assemblea Costituente, eleggere qualche centinaia di saggi che ridisegni dalle fondamenta il "modello di sviluppo" dell'Occidente, diventato col tempo di "inviluppo". E pure il profilo umano e morale delle élite, e nuove modalità di selezione.

Un abbraccio, caro Angelo.

NY senza Wall Street non esisterebbe, e viceversa

La maggioranza di noi è convinta di sapere tutto su quello che chiamiamo Finanza, in realtà, spesso non sappiamo nulla, non sappiamo neppure cosa sia. Per quello che conta, io penso di sapere non cosa è, ma ciò che non è: non una Bildenberg (degli eleganti poveracci che credono di dominare il mondo, senza rendersi conto che ormai sono una raffinata bocciofila), non esiste un Mister No planetario (solo Blankfein crede di essere Dio), esistono invece tanti nuclei di individui auto associatisi che rassomigliano, negli obiettivi e nei comportamenti, ai membri di Al Qaeda, dopo l'eliminazione di Osama. E vivono tutti nella città che hanno eletto a capitale dell'Occidente, meglio del globo. L'amico Angelo Codevilla, già collaboratore di Reagan, docente universitario, grande scrittore e traduttore di Machiavelli, mi dice che NY non solo non è la "capitale morale" dell'Occidente, ma neppure un luogo di investimenti strategici: molto più banalmente è un luogo dove i profitti derivano dalle mosse della FED e da canali di credito privilegiati. Insomma, traduco io, una cartiera semi clandestina che stampa e si scambia finta moneta, lucrando commissioni in moneta vera. Quel poco che so di Finanza l'ho capito all'inizio della Grande Crisi (e ne ho scritto in tempi non sospetti): la strategia dei Governi è stata folle, non dovevano salvare banche fallite, ma mettere in galera i loro manager. Invece, che fecero? Abbassarono i tassi di interesse; iniettarono denaro a basso costo nell'economia; ricapitalizzarono il sistema finanziario, nella speranza del mitico "innesco" che imprese e consumatori avrebbero dovuto fare. Avevano pure convinto media e politici a scegliere leader coerenti con questo modello. E allora via a spingere sui vari troni gli Obama, gli Hollande, i Cameron, i Monti (e ora i Renzi), individui dalla leggerezza politica imbarazzante, ma dall'elevata capacità comunicativa nel confondere obiettivi e realtà: insomma, degli eleganti cacciaballe. In questo squallore, non si può non apprezzare, come diversi, solo i tedeschi: la Destra di Merkel che sta gestendo al meglio, nell'interesse della Germania, le scelte coraggiose della Sinistra di Schröder. *Chapeau*. La teoria delle "dosi da cavallo" per creare l'innesco non ha funzionato, il cavallo che costoro credevano assimilabile a un povero idiota, astutamente non ha bevuto. Quando hanno capito che i loro bonus, forse addirittura il posto e gli stipendi, erano a rischio, sono tornati all'unica strategia in cui primeggiano: far crescere una gigantesca "bolla", lucrare commissioni per miliardi, per poi gestirne al meglio le conseguenze del suo scoppio. Ora stanno dando il via a una nuova bolla, cominciano a sopravvalutare le aziende (*Uber* parte da 12 miliardi $, chissà quanto valuteranno la FCA di Marchionne dal fantasmagorico piano Fabbrica Mondo), cominciano a spostare la redditività dai dividendi (quattrini veri) alla crescita del valore del titolo (fuffa). C'è una locuzione usata da costoro in momenti come questo, che conferma il disegno: *"Search for yield"* (caccia al rendimento). E allora si dia il via alle danze, si convincano i media e il mercato che è "arrivato l'arrotino": *"dovete investire su beni molto rischiosi come unico modo per avere rendimenti più alti"*. Questa la locuzione. Per ora siamo nella fase di inizio del "gonfiaggio" della bolla, ne vedremo delle belle, al solito. Vivere a lungo ha questa controindicazione, tutto, specie le furbate in economia e nel business, è *deja vu*. Eppure mi tocca ricominciare a fingere di analizzare fenomeni finti: obbligazioni spazzatura presentate come caviale Almas, paesi come la Nigeria o il Vietnam spacciati come fossero la Svizzera, una buffonesca *app* di nome *Uber* come fosse GE, i vecchi loschi "derivati" riciclati come bond tedeschi, l'Alfa meglio della BMW, e così via. Curiosamente, proprio ora William D. Cohan del *FT* racconta di tre membri del mondo della Finanza (subito definiti *whistleblowers*), Ben-Artzi, Sivere, Budde, tutti ormai ex Deutsche, ex JP Morgan, ex Lehman che con ogni mezzo avevano dato l'allarme del gonfiaggio e scoppio dell'ultima bolla. Non li hanno ascoltati, anzi li hanno licenziati. New York e Wall Street in questi anni si sono messi progressivamente in un *cul de sac*. eppure, New York senza Wall Street non esisterebbe, ma vale anche il viceversa. L'aspetto più divertente è che come sindaco costoro abbiano scelto uno come De Blasio, una genialata comunicazionale di alto profilo. Un amico americano, consulente di aziende prestigiose, mi dice di una frase che i leader ripetono spesso a conclusione dei loro interventi nelle convention destinate ai giovani futuri manager: «*Fate la cosa giusta, non la più vantaggiosa*». Quelli furbi faranno l'opposto, e andranno al potere.

A NY osservando cosa fa l'Oracolo di Omaha con i *"catastrophe bond"*

Oltre vent'anni fa, un giorno atterrai a Omaha (capoluogo della Contea di Douglas, Nebraska) per andare nel nostro stabilimento di macchine agricole di Grand Island, percorrendo un nastro di asfalto bollente, un centinaio di chilometri dritti e piatti ove, come mi disse il direttore, l'altitudine massima della Contea era rappresentata dai formicai lungo la strada. Lì era nato e operava l'uomo che, per me, meglio di tutti si identifica col capitalismo, Warren Buffet: la formica regina di Wall Street. Un amico che fu tra i primi investitori del fondo Berkshire Hathaway me ne parlò in dettaglio, per anni lo seguii nelle sue strategie di acquisto e di vendita, fu facile concludere che era un genio: faceva solo ragionamenti elementari, il suo unico algoritmo era la semplicità. Spesso finge di essere democrat e obamiano, probabilmente un vezzo senile. Il palcoscenico di New York è ottimale per osservare le mosse di Buffet. Premetto che per me in Borsa non esistono gli "speculatori" (parola vuota, seppur tanto amata dalla Sinistra, dalla Destra, dal Web, dal Vaticano): nella vita ci sono i "giocatori" (considerano la Borsa al pari del Casinò, ne hanno facoltà, quindi appartengono a un certo giardino zoologico), oppure gli "investitori": Warren Buffet è un investitore, il principe assoluto degli investitori. L'amico mi ha raccontato che nell'annuale incontro a Omaha del 13 maggio scorso, Buffet, dopo aver parlato della sua successione (causa un tumore alla prostata), ha indicato la sua strategia di investimenti. Per la prima volta ha deciso di "alleggerirsi" nel settore che lo vedeva da sempre protagonista, le "riassicurazioni" (terzo al mondo dopo Swiss Re e Münch Re). Un'analisi superficiale può far pensare che l'aumento delle temperature terrestri, degli incendi incontrollati, delle piogge torrenziali, facciano diventare le catastrofi naturali sempre più imprevedibili, e quindi i rischi aumentare in modo esponenziale, diventando al limite mortali per le "riassicurazioni". L'analisi di Buffet, proprio perché elementare, è più sottile e strategica. Il mercato dei *"catastrophe bond"* (*cat bond* basati sulla scommessa degli investitori che le compagnie di assicurazione debbano risarcire imprese colpite da catastrofi naturali) è recentemente lievitato, in quanto offrono rendite migliori di quelli delle obbligazioni ad alto rischio, soprattutto sono considerati immuni dall'eventuale crollo di altre attività finanziarie. In questo settore sono entrati molti fondi di investimento, e gli stessi Fondi Pensione, al punto che i rendimenti sono ora del 5% (la metà rispetto a prima). Ciò ha portato a ridurre del 15% i premi assicurativi, all'apparenza un bene, non per la volpe Buffet che ragiona sempre in termini di "rischio-ricompensa". Secondo lui i rendimenti sono troppo bassi riferiti a attività di questo tipo per giustificare la decisione di coprire i rischi delle catastrofi naturali. Ricordiamo che in Borsa i saggi dicono: "guadagni facili possono avere effetti imprevisti". Recentemente, i Fondi Pensione, ingolositi dai rendimenti, potrebbero aver preso rischi eccessivi al verificarsi dell'eventuale prossimo scoppio della bolla, per ora ancora in fase di "gonfiaggio". Chi mi legge sa che le uniche organizzazioni finanziarie di cui, per ora, ho ancora fiducia sono i Fondi Pensione anglosassoni e giapponesi: finora hanno operato con la doverosa prudenza richiesta. Ma, attenzione, il modello di mondo che noi occidentali abbiamo messo a punto potrebbe non sopravvivere alle conseguenze di un tracollo finanziario dei Fondi Pensione. Questo è uno dei tanti rischi che abbiamo, che stiamo sottovalutando, continuando a vivere spensierati. Un po' di attenzione su cosa fa l'Oracolo di Omaha non guasterebbe, il passaggio da uomini a formiche del Nebraska sarebbe seccante.

Dalla corrotta NY, da Ápota guardo alla corruzione in Italia

Curiosamente, ero a New York, a pochi blocchi dalla cattedrale laica di Wall Street, quando è scoppiato lo scandalo del Mose, ne ho letto la versione giacobina del *NYT*, in attesa dei commenti rarefatti del *New Yorker*. Qui, dove la corruzione ha raggiunto livelli ancora impensabili per noi, fa tenerezza vedere video italiani di ristoranti, dalle sedie ineleganti, con lo scambio di buste bianche piene di euro, foto di ville del '700 veneziano ristrutturate a sbafo, l'attesa che inizi a operare un super magistrato che non si capisce cosa debba fare, se non dare una "copertura" al nuovo premier. Immagini di un tempo che fu. Facciamo un passo indietro. I partiti italiani sono nati e vissuti nella corruzione, il PCI riceveva "paccate" di dollari (i rubli non erano graditi) dall'Urss, la DC e i suoi satelliti laici "paccate" di dollari dagli Stati Uniti (unici a secco i radicali, Lega e M5S di allora). Un giorno i due compari, PCI e DC, decisero di farsi una legge che rendesse tombale l'orrendo passato, i magistrati furono evirati nella culla. Il PCI mise a punto un nuovo meccanismo di finanziamento molto sofisticato, con al centro le Coop, e il suo segretario si ritirò in una torre d'avorio, diventando santo, gli altri furono meno innovativi. Scoppiò Mani Pulite, era un sistema "bino": i politici "chiedevano", gli industriali "davano" (imparammo la differenza fra corruzione e concussione). Nel Sud il sistema era "trino", fra i due attori c'era una specie di intermediario (a seconda dei luoghi aveva nomi diversi: mafia, camorra, ndrangheta, sacra corona unita) che svolgeva il ruolo delle banche d'affari anglosassoni e riceveva, come loro, ricche commissioni. Passarono gli anni, la politica divenne sempre più debole, la società civile cominciò a rassomigliare a quella giolittiana, per cui i politici avevano un ruolo sempre più marginale, diciamo solo più un potere di interdizione. La corruzione serviva a mantenere in vita aziende non competitive, alti burocrati, corpi deviati dello Stato, persino magistrati, gli spiccioli andavano ai partiti. A stupirci e a eccitarci siamo rimasti noi dei media, anche se dobbiamo riconoscerlo, parliamo di storie, cifre, individui, comportamenti, miserabili. Lo confesso, mi diverto molto di più ad analizzare ciò che succede all'estero, dove la corruzione non è diffusa come da noi ma è concentrata ai livelli alti (da noi tanti rubano poco, altrove pochi rubano tanto, e molto di più). Prendiamo la Germania, l'ho scritto più volte, tutto si trova su internet: una sola azienda tedesca ha pagato tangenti in giro per il mondo pari a 20-30 volte di più dell'intera corruzione di Mani Pulite (300 miliardi di vecchie lire): tutti ricordano quell'episodio, non l'altro. Il governo tedesco poi ha corrotto funzionari di banche svizzere per ottenere elenchi di suoi cittadini che colà avevano dei conti bancari, usando denaro "nero" dei servizi segreti, andando contro le più elementari regole del vivere civile fra Stati (immaginate se un altro Stato lo avesse fatto in Germania). Per non parlare della sconcezza perpetrata in Grecia per salvare le banche tedesche. E mi devo pure sorbire la buffonata di un ex giocatore finto pentito che va verso il carcere, e leggere che lì vi fu trattenuto addirittura Hitler (che c'azzecca?). La mia prediletta è però l'America, il peggio del peggio; il paese più duro verso i paradisi fiscali (vedi *Facta*) è anche l'unico che

ne abbia uno in casa (Delaware), il cui senatore (a vita)
è il vice Presidente Biden: guardatelo, capirete tutto.
Quando, come oggi, provo tristezza per il mio Paese,
vado nel mio archivio e tiro fuori il mitico Rapporto
Levin, 600 pagine, un thriller alla Hitchcock, dove
niente è come sembra. Demolisce, nella pratica, la teoria
che il sistema bancario occidentale sia lo strumento per
distribuire le risorse finanziarie dai risparmiatori agli
investitori e alle aziende. In realtà costoro fanno
tutt'altro, così come viene demolito il ruolo degli
"incentivi finanziari" che noi liberali pensavamo
dovessero servire a far sì che il mercato crescesse
autoregolandosi. Una enorme truffa perpetrata per anni,
che dura tuttora sotto altre forme. Pensiamo solo al
riciclaggio dei quattrini dei narcos messicani o alle
manipolazione del Libor o dell'Euribor, e gli infiniti
scandali emersi e le mostruose multe (pensate a quanti
sono sommersi). Ma il meglio del meglio è
l'interrogatorio che Carl Levin, senatore del Michigan,
profilo hollywoodiano, fa a Lloyd Blankfein ripetendogli
per sei volte di fila la stessa domanda (sconvolgente), di
cui dalle carte conosceva già la risposta: *«Goldman ha
scommesso i suoi quattrini contro i suoi clienti, sì o no?».*
Sudato, distrutto, col viso paonazzo che avevo visto solo
nei filmati di Norimberga, nega, non risponde, si
contorce. In un paese civile, sarebbe stato
immediatamente arrestato, processato per alto
tradimento (in questo caso sono d'accordo con Renzi),
condannato da 20 anni in su e la Goldman sequestrata e
rivenduta per pagare le vittime di costui: lavoratori,
cittadini che hanno perso la casa, i contribuenti che
hanno pagato il conto finale delle sue sconcezze. E
invece no, Blankfein si è cambiata la camicia zuppa di
sudore, ha ripreso a fare le stesse cose, si è paragonato a
Dio, e continua imperterrito, sotto lo sguardo assente di

un Presidente inetto. Malgrado tutto, se mi guardo intorno, sono felice di essere italiano.

A NY, in Broad Street, a spettegolare su Piketty e i pornografi finanziari

Ho passato un intero tardo pomeriggio in un locale a pochi metri dal civico 8 di Broad Street, sede del New York Stock Exchange, la Borsa, ove ogni giorno qualcuno, chissà perché sempre ilare, muove il batacchio di una campanella, il cui suono è a metà strada fra quello di una chiesa luterana e quello dei campanacci delle vacche garfagnine durante la transumanza. Confesso che subisco il fascino di questo palazzo, dalla facciata neoclassica e con colonne corinzie, e la scritta *"l'integrità protegge il lavoro dell'uomo"*. Penso sia uno dei luoghi più strategici, e al contempo più inquietanti del mondo. La frase, non per ciò che dice ma per come lo dice e come l'ha declinata nel tempo, la trovo orrenda. Con due amici che lì lavorano (ai livelli mediani dell'organizzazione) abbiamo parlato del libro di Piketty. Io l'ho letto, da liberale einaudiano (ci tengo alla precisazione), ho fatto pure una recensione sul *Foglio*, loro invece oltre ad averlo letto (da liberal) hanno pure conosciuto l'autore. Me ne parlano come di un genio della matematica, però dall'atteggiamento umile e schivo. Le sue interviste me lo avevano confermato ma, confesso, l'avevo considerato un atteggiamento finto snobistico, invece no, pare sia proprio così. *"... l'economia è una scienza inesatta, niente ha danneggiato questa disciplina più dell'arroganza di chi ha voluto attribuirle un'esattezza e una capacità di previsione quasi naturalistiche. L'economia è una scienza sociale, niente di più, niente di meno"*. Buon senso contadino, che sottoscrivo. Gli amici americani, chiaramente filo Piketty, mi fanno osservare

38

che l'originalità dei suoi studi sta nella scoperta che in Occidente, oltre alle diseguaglianze nella distribuzione dei redditi, sono aumentate anche quelle legate ai patrimoni. Usano una bella espressione: *"l'economia di mercato sta entrando in una nuova belle époque, con la scomparsa dei borghesi attuali e il dominio dell'economia e della politica da parte di una casta di miliardari"*. Piketty vede l'imposta patrimoniale come qualcosa di epocale, e questo momento storico paragonabile al primo '900, quando infuriò un feroce dibattito sull'introduzione delle imposte sul reddito: *"quella che sembrava una follia inconcepibile divenne di colpo una norma generalmente accettata"*. In Italia, un caro amico ha scritto, con la solita acutezza, come la tesi di Piketty *"il capitalismo produce diseguaglianza"* porti a definire *pikettismo* la dimostrazione di una tesi che si avvale di una massa intimidente di numeri, tabelle, grafici, mentre ragionare sul rapporto tra scelta della tesi e raccolta dei dati è *metapikettismo*. E di lì partire per un'analisi rigorosa che rigetta metodologia e conclusioni di Piketty. Splendido lavoro. Per noi non addetti ai lavori, ma che subiamo le conseguenze delle grandi scelte ideologiche di costoro, l'ingresso di Piketty nel dibattito ha indubbiamente rotto una serie di equilibri nell'ideologia dominante; personalmente ho apprezzato la sua conclusione *"... gli ideologi che mi danno lezioni di fattibilità politica sono ancor meno credibili degli economisti convinti di studiare una scienza esatta"*. È in casi come questi che apprezzo la vita che mi è stata concessa, aver avuto dalla natura un modesto spessore culturale, di contro una certa capacità di arrivare alle sintesi tipiche del mondo contadino e operaio, che per sopravvivere si libera dei lacci e lacciuoli delle ideologie, sceglie di vivere "negli interstizi" di questo mondo che non ama ma apprezza come meno peggio di altri, e privilegia la sua appartenenza agli Ápoti di prezzoliniana memoria. Sono felice di potermi dissociare da queste oscene élite occidentali, a questi pornografi della finanza, del cibo, dell'arte, che, anziché prendere atto del loro totale fallimento, culturale e umano, e togliere il disturbo, hanno fatto la scelta criminale di restare ancora al potere, nascondendosi dietro due locuzioni oscenamente criminali: *"Too big to fail"* e *"Too big to jail"* (le banche dovevano fallire e loro andare in galera, questo prescrivono le regole liberali del vivere civile), distruggendo così valori, modelli di vita, generazioni di giovani, speranze. Se mi proietto alla mia giovinezza, al tempo in cui le tempeste ormonali, fisiche e mentali, erano coerenti con gli ideali, a loro volta freschi e determinati, cosa farei se non reagire, con ogni mezzo, a questo mondo di pornografi? Eppure, mentre l'orchestra del Titanic suona, e l'iceberg si avvicina, io ho fiducia, qualcosa deve succedere, e costoro (solo loro) scomparire. Vedrete, ce la faremo.

Temo che NY non sia più un crogiolo di etnie, culture, storie umane

La prima volta che andai a New York, oltre quarant'anni fa, fui colpito dai poveri, come numero e come situazione, erano presenti ovunque (sdraiati, addormentati, ciondoloni), salvo in Park Avenue. Mai avevo visto così tanti derelitti, in certe zone mi pareva di essere a Mumbai, quando si chiamava ancora Bombay. Allora le tasse erano praticamente inesistenti, però ciascun lavoratore americano doveva farsi l'assicurazione, sia per l'assistenza sanitaria che per la pensione, chi non lo faceva e si godeva la vita usciva dal circuito umano, quando avrebbe avuto bisogno di aiuto, sanitario o pensionistico, era certo che nessuno si sarebbe interessato di lui, e il suo destino segnato: sarebbe stato un non uomo, un homeless. Poteva morire per strada, nessuno l'avrebbe aiutato, l'opportunità l'aveva avuta, non l'aveva colta, si arrangiasse. La cultura protestante-giacobina era, ed è, anche questo. Allora la vita era dura, ma l'America appariva, ed era, un autentico *melting pot,* un crogiolo di etnie, culture, storie umane ed economiche, che si incrociavano, si compenetravano, si separavano, nel frattempo facevano grande il Paese. L'ascensore sociale era sempre in moto, su e giù all'infinito, via via che salivi i vestiti si facevano più eleganti, i corpi più magri, il linguaggio più raffinato. Renzo Gay, amico e collaboratore straordinario, mi insegnò tutto del mondo americano e mi fece conoscere la "vera" New York. Dopo avermi presentato Lou Castelli, il grande gallerista che per primo andò a Soho (South of Houston), mi innamorai di quegli edifici, delle loro meravigliose facciate in ghisa (il capolavoro assoluto è *Haughwout Building,* nato come negozio di vasellame e di vetri, con una facciata che ripete per ben 92 volte quella della Biblioteca Marciana di Venezia). Renzo mi diceva spesso, «*osserva i poveri* (a Soho allora ve ne erano in quantità industriale) *e controlla il prezzo di alcuni prodotti base (uova, bacon, riso, pane, latte): fino a quando saranno bassi* (il prezzo delle uova fu sempre lo stesso per oltre un decennio, ne producevano 800 milioni al giorno), *e la maggioranza condivide questo modello sociale, non ci sarà la rivoluzione*». Ogni anno che passa, visivamente, mi pare che i poveri aumentino (di certo sono enormemente cresciuti quelli che dormono in auto), e gli indici numerici lo confermano. Oggi lo 0,1% della popolazione possiede il 10% della ricchezza (allora era il 2%), l'1% ne controlla il 20%, il 10% ne controlla il 48%. Curiosamente Obama cavalca mediaticamente questi numeri (si atteggia come se lui non c'entrasse), li critica, ne parla con Francesco, ma non sa che fare, da un lato i liberal alla Summers, alla Krugman, e lo stesso Piketty sono fermi al vecchio ritornello dell'aumento delle tasse e alla mega-patrimoniale, ma il popolo non le vuole. Sulla filosofia "no tasse" convengono sia i ricchi (no all'assalto statalista al benessere che ci siamo creati lavorando duramente) che i poveri (abbiamo il sogno di fare i soldi e goderceli senza che intervenga uno stato pieno di burocrati a controllarci). Sacrosanto, ma temo per loro, e per noi, che il vento stia cambiando. C'è un indagine del *Pew Research Center* che a un campione rappresentativo ha posto una domanda secca: «*negli ultimi dieci anni la differenza fra ricchi e poveri è cresciuta?*». Il 65% ha risposto sì, ma alla successiva «*una persona è povera per cause che non può controllare o no?*», si sono spaccati esattamente a metà. La faglia di Sant'Andrea dalla California è arrivata sull'Hudson, il dilemma fra il *laizzes-faire* e *l'intervento dello Stato* sta prendendo spazi impensati, e al contempo comincia a dividere, in modo non banale. Prima di portare i libri in tribunale, ne vedremo delle belle. L'amico Renzo mi manca, tanto, lui forse una risposta l'avrebbe avuta.

A NY guardando *Me, my mother, my father and I*

L'ultimo giorno del viaggio a New York l'ho passato al *New Museum* in Bowery Street: il luogo ove trovi, si dice, l'arte contemporanea più radicale del mondo intero. Confesso che in genere mi trovo a disagio nel leggere la prosa che spiega l'arte contemporanea, così come i contributi e le interviste di critici e intellettuali di supporto alle mostre. Se però non leggi questi scritti non presentarti neppure al botteghino, tempo buttato.

In questo caso, il *blockbuster* era triangolare: Ragnar Kjartansson, Camille Henrot e Roberto Cuoghi (nato nell'amata Modena). Con Kjartansson ho legato subito, mentre con Henrot e Cuoghi mi è stato più difficile, avendo entrambi una miscela di spiritualità e di sociale, specie Cuoghi, dalla quale è difficile districarsi. Quando hai finito di leggere i testi di accompagnamento, o anche solo il paragrafo chiave, ti trovi davanti al solito dilemma: o non hai capito nulla, e allora torna a casa, oppure hai capito, e allora provi una grande soddisfazione, come quando in Garfagnana, da ragazzino, trovavo un porcino nel bosco di castagni vicino al ruscello. Devo riconoscere che tale approccio non vale per l'opera di Kjartansson, dei tre il mio preferito, alcuni l'hanno definita ad alto tasso di sensualità, a me non ha fatto questa impressione, mentre ho apprezzato l'ironia di cui è pervasa. Immaginate una grande sala, la luce, fioca, proviene da lampade a stelo, in terra un materasso con una coperta arancione appallottolata, uomini e donne, giovani, suonano la chitarra con lo sguardo perso nel vuoto, poi smettono, si alzano, camminano ciondoloni, sorseggiando birra, costantemente in mutande o in pigiama. Nel frattempo, sulla parete di fondo scorre un film, a prima vista un 8 mm mal restaurato, quasi muto. Fuori deve fare molto freddo, in una stanza di un alloggio piccolo borghese una donna (la padrona di casa, casalinga vestita da casalinga, con i classici bigodini *d'antan* da *brushing* duraturo) sfida con lo sguardo l'intruso (un idraulico, con i suoi attrezzi e tuta d'ordinanza). In lontananza si sentono le parole della donna, appena sussurrate «*Se sei un uomo, dimostralo. Spogliami e prendimi sulla lavastoviglie*». Lui lo fa. Dal modo in cui la casalinga si concede si comprende la sua motivazione: quello che nel calcio si chiama fallo da frustrazione. Dopo l'amplesso, lei appare stordita, lui distratto. Entrambi mi hanno fatto molta tenerezza. Mi è parso di tornare all'Italia (immaginata) anni '70, a Mirafiori, quell'area appena a ridosso dell'immensa fabbrica, dagli infiniti minuscoli alveari "camera-tinello-cucinino" (nell'orrendo quadrilatero che noi chiamavamo Corea), il marito in Fiat, i bambini a scuola, la moglie destinata pure lei a una vita da catena di montaggio, seppur di lavori casalinghi. All'arrivo bimestrale dell'uomo Italgas (lettura contatore), lei si concede, con lo stesso entusiasmo di quando alla domenica pomeriggio va al cinema parrocchiale per il western. Scopre che costui, nell'atto sessuale, è identico a suo marito, per cui si convince di non averlo neppure tradito. Torino e Reykiavik all'apparenza così lontani, non sapevano allora di essere così vicini. Infatti, scopro solo alla fine che la scena di sesso operaio, per me una delle più gradevoli, per la sua genuinità, fa parte di un lungometraggio islandese del 1977. Il titolo di questo spezzone è bellissimo *Me, my mother, my father, and I*. Curiosamente, i due interpreti, la casalinga e l'idraulico, sono proprio la mamma e il papà di Ragnar Kjartansson: addirittura lui sostiene, con orgoglio, di essere stato concepito su quel set. Se così fosse, quei fotogrammi sono il suo precertificato di nascita. È proprio vero, le strade dell'arte sono infinite.

Passeggiando per NY alla faccia di *Uber* e delle vedove del Wisconsin

Uno degli aspetti più curiosi, per il quale non ho alcuna spiegazione logica, è perché i tassisti siano considerati equivalenti alle streghe di medioevale memoria. È l'unica categoria sociale che gode del disprezzo di tutti: liberisti e liberal in nome del mercato,

Sinistra colta e povera perché li considera "fascistoidi", il Fisco si accanisce con loro, fa analisi complicate, pur avendo a disposizione il tassametro, le élite politico-intellettuali parlano disgustati sia delle loro auto, sia dei loro fiati, i "professoroni" li prendono come cavie per dimostrare, in negativo, cervellotiche teorie economiche. Pare che debbano guardarsi persino dai vigili urbani, oltre che dagli orrendi ciclisti i quali, in nome delle emissioni zero, si sono impossessati delle città, compiendo impunemente, loro sì, ogni tipo di reato. Io sono fermo ad un'analisi di mio papà (valore zero, essendo lui un semplice operaio antifascista) che ascriveva a merito di Mussolini, oltre alle colonie elioterapiche per i bambini, all'architettura pubblica del Piacentini, agli investimenti sull'igiene, pure la creazione della corporazione dei tassisti. Negli anni '20-30 assegnò le prime licenze per le auto pubbliche a ex detenuti per un loro definitivo ricupero sociale, visto che nessuno voleva assumerli. Il tassista in fondo è un operaio sfigato, è costretto a fungere (è servizio pubblico) da "pronto soccorso privato" del peggio dell'umanità cittadina (drogati, ubriachi, delinquenti, etc.), guadagna quanto un operaio, pur lavorando 12 ore anziché 8, ha tassi di assenteismo vicini allo zero, in luogo del classico camera/tinello/cucinino i suoi risparmi li investe nel taxi e nella licenza (le sue macchine utensili), sciopera un centesimo degli altri, non ha alcun diritto sociale, men che meno il mitico art. 18, persino la toilette per lui è oscenamente random. Ora la polemica si è riaperta, con l'arrivo di una *app*, dal nome inquietante, *Uber*. Uno degli aspetti più affascinanti di New York è andare in strada, alzare un braccio e, oplà, un taxi come d'incanto si ferma: lo confesso, in quel momento mi sento un uomo potente. Forse perché un arrogante ragazzotto, certo Travis

Kalanick, l'inventore dell'*app Uber*, vuole costringermi a digitare qualcosa sul cellulare, e poi attendere una limousine nera, dai vetri oscurati, profumata come quelle "signorine" che nel '58 certa Merlin decise di resettare? O perché le mitiche vedove del Wisconsin vedano crescere il loro investimento, ancor prima della quotazione ufficiale, a 18 miliardi di $? Cioè quanto Hertz e Avis (a proposito, chissà quanto valuteranno la FCA di Marchionne che le auto pure le fa!). Comunque, per NY ora sono tranquillo, c'è stato l'accordo (*Uber* rispetterà la legge sul trasporto pubblico!), io continuerò ad alzare il mio braccino per fermare gli amati *yellow cab*, anche se, per sentirmi *à la page,* ho usato *Uber*, pagando una tangente del 30%, per andare dall'hotel al Kennedy, presentandomi al *check in* oscenamente profumato. Mi hanno spiegato gli amici di Wall Street che Kalanick, dopo aver superato (retrocedendo) l'ostacolo più difficile, cioè inserirsi nel trasporto pubblico dovendo però rispettare la legge, ha inaugurato, proprio a NY, una *sub-app* della maxi *app Uber*, detta *Uber Rush* (io l'avrei chiamata *Uber Mercury*). Si tratta di consegnare, usando piedi o bici, no auto, dei pacchi (a Natale persino gli alberi!) da parte di ragazzotti con le ali ai piedi, intascando la solita tangente del 20-30% sul loro lavoro. È probabile che la prossima mossa sarà quella di consegnare i prodotti dei negozi ai clienti, in concorrenza con *Amazon Fresh*, il servizio di spesa on line lanciato dal mitico Bezos. Mi guardo allo specchio, e temo di scivolare verso lo status di liberale di serie "B": infatti non provo alcun orgasmo, lo confesso, a veder declinare il concetto di concorrenza in questo modo, non mi eccito di fronte a business-men 3.0 come Bezos o Kalanick, che vivono di tangenti (è troppo dire che erano meglio i padroni delle ferriere?), anzi, mi scopro cattivo, spero che le (mitiche) vedove del

Wisconsin perdano i loro quattrini così investiti, allo scoppio della prossima bolla (quando arriverà, sappia, che sarà benedetta).

Il mondo criminale delle Banche d'Affari inglesi visto da NY

Una persona di normale intelligenza (come me), un liberale senza particolari animosità, non può non considerare le Banche d'Affari alla stregua di un virus. Un amico degli anni '90 conosciuto a Londra, e incontrato recentemente a NY, mi ha aggiornato sul mondo della finanza inglese. Mi ha spiegato che queste, pur avendo gli identici loschi obiettivi di quelle americane, sono differenti le une dalle altre: Goldman&Sachs è spietata nelle sue "macellazioni" (vedremo poi cosa significa), Deutsche Bank è un covo di serpenti, Barclays è un mix delle due, Hsbc è noiosa, ma meno peggio delle altre, e così via. Delle tante storie e aneddoti raccontati mi sono piaciuti i suoi giudizi sull'atmosfera che si respira oggi nella City, e sulla locuzione "macellazione" che usano per il licenziamento dei loro dipendenti, termine ormai entrato nel loro linguaggio. Il criterio è una specie di "anti meritocrazia antropologica". Indipendentemente dal profitto annuale registrato dalla Banca, e dalle performance del singolo, vige la regola di "macellare" i colleghi giudicati "antropologicamente più deboli". L'aspetto organizzativamente affascinante è che queste Banche tendono a non essere più aziende, ma una "sommatoria" di individui in posizioni di comando. Ognuno è "Lord del proprio mondo", come è oggi Al Qaeda, dopo l'eliminazione di Bin Laden. Quindi, non si lavora più per la Banca, ma per il proprio "Lord". Questo modello organizzativo serve per: a) dimostrare al Boss supremo che "tagliano" personale, pur in presenza di affari in crescita, quindi gli lanciano il messaggio che i bonus non li hanno rammolliti; b) liberare nuove posizioni, che coprono subito con loro adepti di fiducia, creando così mini "mandamenti"; c) se si dovessero verificare problemi giudiziari insuperabili si procede al taglio chirurgico del "mandamento" coinvolto. Secondo questo modello, il Boss supremo è una specie di Dio, esercita la leadership in modo on/off: licenzia sì o no. Quella che noi ingenui chiamiamo Grande Crisi in realtà è la Grande Guerra che costoro hanno scatenato contro di noi e, se non faremo nulla, questo modello di guerra permanente sarà quello in cui vivranno i nostri figli e nipoti. Mentre noi blateriamo di mafia, ndrangheta, camorra, fenomeni irrilevanti al confronto, costoro emettono "segnali deboli" rigorosamente mafiosi, che però non sappiamo cogliere. Per esempio, chiederci: perché questi "bonus" folli? Risposta ovvia: così la Banca al contempo li tiene in pugno e si autoassolve per i comportamenti criminali che adotta verso i dipendenti stessi. Fermiamoci un attimo a riflettere. Se le Banche d'Affari adottano come prassi filosofie criminali verso i loro dipendenti, quindi in teoria verso il loro bene più prezioso, perché non dovrebbe adottarla verso i loro clienti e il resto della società, ove i legami sono più deboli? Quando ci renderemo conto del danno che fanno costoro all'ideologia liberale? Quando li metteremo per sempre fuori legge? O meglio, perché non cominciare a mettere i loro boss in galera? Perché l'unica soluzione è questa: i banchieri d'affari sono sul serio convinti di essere i padroni dell'universo, e così si comportano, ma per la loro struttura mentale sono dei vigliacchi, infatti la galera è l'unica cosa che li terrorizza. Ho ancora impressa nella mente la faccia devastata di Richard Fuld (Lehman), quando, meritandolo ampiamente, lo temette sul serio. Era identica come espressione a quella dei gerarchi nazisti a Norimberga. E in un paese democratico, in galera ci sarebbe dovuto andare, e per sempre: le Banche dovevano fallire e i CEO andare in prigione. Invece si inventarono le multe (fantozziane) a carico degli azionisti e dei clienti, una ridicola partita di giro. L'amico inglese, persona di grande spessore culturale, meno semplificatorio di me, definisce queste strutture organizzative, e le leadership che le governano, "in preda a miopie strutturali di sistema". Questo mondo, dice, «è *dominato dall'ideologia criminale di Wall Street, che purtroppo Londra ha fatto propria dopo la deregolamentazione del 1986* (il mitico Big Bang); *si è via via evoluta fino ad oggi, quando le persone hanno cessato di essere umani per diventare strumenti del sistema*». In effetti, riflettendoci è proprio così, lo si coglie dal linguaggio che usano: "macellare", "tagliare teste", "mettere radici" o sempre più spesso usano il termine "corpo" per intendere un uomo. Ora tutto è chiaro: il bonus si è fatto "anima" e il "corpo" è diventata stampella. Per dirla in piemontese, lingua superiore anche all'inglese nella sintesi: *"suma bin ciapà"*.

Nel luogo di NY dove i supermanager decidono il futuro loro e, purtroppo, nostro

Alla fine di Broadway, prima che la grande arteria (a NY l'unica autorizzata a non essere dritta) si butti in acqua, a sinistra trovi Wall Street, a destra il 9/11 Memorial Museum, ove prima c'era il World Trade Center, in mezzo una piccola area verde di proprietà dell'immobiliarista italo-americano John Zuccotti, luogo di nascita di un curioso movimento, *Occupy W.S.*, risposta solidale dell'Occidente giovane alle "primavere arabe". Divertente lo slogan a cui si ispirarono «*noi siamo il 99%»*, sull'onda di una furba frase di Obama che voleva far credere di essere contro l'1% dei "ricchi-cattivi", che erano poi quelli che lo avevano finanziato e gli avevano dato il Nobel, padri di quei ragazzi di Zuccotti Park, che a rivoluzione finita tornarono nei loro loft in Tribeca. Quando sono a Torino, uscendo di casa, e percorrendo il centinaio di metri che mi separano dalla *Libreria Luxemburg* (la mia cappella laica), passo davanti alla casa che fu di Friederich Nietzsche, l'inventore del concetto di *Übermensch* (il Superuomo). Mai avrebbe immaginato che delle sue elucubrazioni filosofiche se ne sarebbero impossessati prima Hitler, poi individui altrettanto loschi, da sempre gravitanti su NY: i supermanager. Non lo dico certo io (sono un ex), ma la famosa storica dell'economia Nancy Koehn, di Harvard, che sostiene come quella di Nietzsche rappresenti la base culturale delle leadership del moderno management. Ideologia che giustifica il superpotere, e relativi superstipendi, di questi supermanager, diventati ormai, aggiungo io, gli eunuchi della dinastia Tang, passati *d'emblée* dal IX al XXI secolo. Hanno addirittura creato un reame (virtuale), strutturato con leggi e politiche a loro immagine e somiglianza, dove non esistono per loro né giudici, né galera ma, al massimo, multe mostruose, che però pagano i loro clienti o azionisti, senza incidere sui loro bonus (una genialata). Avendo fatto parte per anni di questa congrega, rispettandone le regole, ma non i riti (la loro coca d'ordinanza la sostituii con gli anacardi, come suggeritomi da una *mama* di Bahia) posso confermare, dal campo, la validità dell'analisi di Nancy Koehn. È assurdo e ridicolo mitizzare, come si sta facendo dagli anni '70, i CEO (chief executive officer) delle aziende industriali (e poi bancarie), fingendo che costoro siano gli epigoni della *The Great Man Theory of*

History di Thomas Carlyle. Una grande azienda può essere gestita esclusivamente attraverso un lavoro di squadra, dove i singoli collaboratori sono spesso migliori del leader, ma costui è leader perché sa scegliere, utilizzare, premiare i migliori di loro. Osservateli questi CEO, sono abilissimi nel parlare (i più celebri sono degli straordinari cacciaballe), nel "vendere" piani all'apparenza suggestivi, gestiti col criterio del gioco delle tre carte, nell'esaltare la propria immagine, nel mantenere "relazioni" col sistema politico-finanziario, dominato a sua volta da individui che vorrebbero essere come loro. Confessiamolo, anche noi media, abbiamo contribuito a farli diventare, prima delle celebrità hollywoodiane o rockettare, quando erano di moda il cinema o la musica, e ora, che è l'ora dello sport, dei simil-campioni. Una sconcezza visto che l'artista o lo sportivo, viene esaltato o "buttato", a seconda delle prestazioni e del risultato, mentre costoro, essendo al contempo giocatori e arbitri, si autogiudicano, si auto premiano, si auto assolvono. Nancy Koehn lo chiama "estremismo meritocratico", che sarebbe poi il privilegio di "stabilire" loro stessi gli obiettivi e i risultati (cambiandoli in corso d'opera, a seconda delle esigenze personali), e quindi definendo in anticipo i propri compensi e bonus (le modalità tecniche le ho spiegate in altri miei scritti). Per il mio mondo liberale, un'oscenità. Dei tanti numeri che ci ha dato Piketty, ne prendo uno, il più suggestivo: "lo 0,1% possiede il 10% della ricchezza". Domanda: da quali categorie sociali questo 0,1% è composto? La risposta ovvia sarebbe: possessori dei grandi patrimoni. Invece no, per i 2/3 sono supermanager. Poiché il modello, come si dice nel business, si è "radicato", il prossimo passo sarà la sua definitiva e generalizzata applicazione alla politica. Il processo è già avanti, è sufficiente osservare New York,

Bruxelles, Francoforte (BCE), Washington (FMI), cosa manca loro per rassomigliare a Versailles? Corti con più Sovrani che si riproducono all'infinito, cooptandosi con frenesia. Il giorno in cui i politici riusciranno a farsi eleggere, senza bisogno delle elezioni (il loro sogno nascosto, ricordate i sussurri di Monti? o le attuali discussioni sul Senato non eletto?) raggiungeranno i supermanager nell'autonomia potere-retribuzione. Quel momento segnerà la nostra fine: saremo servi. Come liberale mi secca dirlo, ma stiamo scivolando verso una modalità criminale per opporsi alla quale restano solo i magistrati.

A NY i giovani nelle banche d'affari fra "paura" e "mommy track"

Fra i tanti obiettivi che mi ero dato nel viaggio a New York ve ne era uno che si è rivelato fallimentare, forse era troppo in anticipo sui tempi, comunque sia non sono riuscito a cogliere i segnali deboli che mi sarebbero stati utili. Si tratta del tema "mommy track". Chi mi legge sa che dedico il mio tempo a immaginare in quale mondo vivranno i miei amati nipotini (tre femmine, un maschio, dai tre ai dieci anni). Da dove partire se non da New York? Dai primi anni '70, in cui cominciai a frequentarla, lì trovai il meglio e il peggio dei "comportamenti organizzativi" degli americani, che anni dopo sarebbero stati quelli degli europei. Sono invece incapace di capire cosa succederà in Oriente, specie cosa succederà nel futuro Califfato del Levante (tuttavia, mi guardo bene dal fare battute idiote su un aspetto politicamente molto serio, limitandomi a dire: lunga vita a Putin e al Sisi). Il mio amore per la cultura americana è anche figlio di un libro (Allan Bloom, *La chiusura della mente americana*, prefazione di Saul

Bellow) che tengo sempre a portata di mano, per ripassarmi fatti e misfatti del sistema educativo occidentale, quello che ci ha rovinato. Sono passati 27 anni dall'uscita del libro, e le sue tesi, combattute dalla Sinistra e dai liberal, si sono rivelate profetiche: ciò che nel 1987 Allen Bloom osservava, disgustato, nei suoi studenti post-sessantottini, anni dopo lo ritrovò negli insegnanti, e oggi noi lo ritroviamo nelle élite, nei politici, nei supermanager. La crisi profonda che lui percepiva, dietro un'apparenza di liberazione e di creatività, ha scardinato il sistema, senza proporne uno alternativo, ma nascondendosi dietro il relativismo, e un malinteso senso dell'uguaglianza (il multiculturalismo). Nel '93 a NY comprai *Liar's Poker* un ironico libro di Michael Lewis uscito tre anni prima: ripercorreva la sua esperienza come giovane banchiere d'affari alla Salomon, raccontando l'atmosfera del *trading floor* quando era di moda il frazionamento dei mutui. Ciò che successe vent'anni dopo (la Grande Crisi), collocò il libro (nel frattempo Lewis era diventato giornalista e scrittore) fra i testi sacri della finanza, non quella raccontata dai tronfi e inutili Nobel dell'Economia, ma quella praticata. Ho osservato questo mondo via via mutare, negli ultimi anni quei pochi amici che ho nei livelli mediani di queste banche mi hanno trasferito lo stato di profonda crisi delle nuove leve. Detto in termini brutali, costoro hanno "paura", una parola che non esiste (non deve esistere) nel vocabolario di Wall Street, e in ogni caso ha lo stesso significato di "infame" nel mondo mafioso. Infatti, i giovani futuri banchieri d'affari sono sopraffatti dalle informazioni, figlie delle nuove tecnologie, capiscono che la loro preparazione universitaria è carente (dei loro padri Lewis scrisse *«usciti dall'università si accorsero di non sapere nulla di utile su nulla»*), semplicemente ogni giorno arrivano nei loro "cubicoli recintati in plexigas" pieni di paura. La crisi, mentre ha aumentato i compensi dei loro boss, ha ridotto i loro: 5 anni fa guadagnavano 120 mila $ annuali per 80 ore settimanali, ora ne prendono 90 mila per 100 ore settimanali. Certo, restano gli schiavi meglio pagati nella storia dell'umanità, ma è una mercede miserabile rispetto a ciò che i boss, novelli negrieri, chiedono loro in cambio. A me interessava capire cosa avrebbe significato l'ingresso in forza delle donne in un mondo dominato dalla "cultura del testosterone" (i mitici meeting con i clienti negli strip club, le strisce di coca in comunione, le molestie sessuali, la *frat culture*), soprattutto indagare il *mommy track*, il punto in cui la banchiera d'affari donna deve decidere se avere un figlio o no. Un tema dirimente, che impone una scelta di vita drammatica, tenuto conto che un impegno lavorativo di 100 ore settimanali (con "connessione" continua) rende praticamente impossibile persino una relazione sentimentale, specie con uno esterno all'ufficio. Soprattutto non può non frantumare qualsiasi amicizia, qualsiasi amore, qualsiasi rapporto familiare, forse pure la salute (*Bloomberg Magazine* ha fatto un'inchiesta sulle morti di giovani banchieri d'affari di JP Morgan). Che tristezza, quando il sesso si fa transazione finanziaria, quando si arriva a scrivere «*Wall Street uccide i suoi giovani banchieri*», che mondo è quello nel quale quando vai in vacanza ti controllano il computer, e se potessero lo farebbero pure per l'utero? Il prossimo anno mi concentrerò, spero con maggior successo, sul *mommy track*, ammesso, e non concesso, che nel frattempo non scoppi la nuova bolla. Lo prevedono gli avversari di Janet Yellen (capa della Federal Reserve), adepta della *Modern Monetary Theory* (in italiano, lo banalizziamo in "stampare moneta"). Attendo sereno.

Riflessioni finali al ritorno da un viaggio a NY

Questo cameo chiude un periodo di immersione nel ventre magico di New York. Avventurosamente, tento qua una sintesi estrema: disincanto e solitudine. La bolla culturale nella quale ho cercato, prima di entrare, poi di immergermi mi ha fatto cogliere l'evoluzione di tre momenti: "Finanza", "Cucina", "Arte" che ho sentito a me più vicini, inconsapevoli compagni di viaggio nelle viscere della mela. Ho scoperto che la Finanza: a) è felice di farsi odiare dal 99% dei cittadini; b) i suoi adepti si atteggiano (forse sono) a figure sacerdotali atee di sette religiose medioevali, pur apparendo, a una persona normale come me, dei "poveracci"; c) si ammantano di tecnicismi per perseguire obiettivi umanamente osceni, che ormai non tentano neppure più di mascherare. La Cucina, con sifone d'ordinanza, è lieta di prosperare, a supporto e a rimorchio delle élite. Il ristorante-simbolo di cui ho parlato in un cameo, quello di César Ramirez a Brooklyn, è l'esempio perfetto di questo mondo. Le materie prime, tutte "abbattute", di una bellezza visiva sconvolgente e dal sapore rigorosamente neutro, attraversano veloci il Pacifico, vengono manipolate al mattino, nascoste in "casseforti frigidaire", prelevate la sera, non per essere cucinate (solo per alcune, un'inquietante fiamma ossidrica si limita ad accarezzarle), ma "impiattate" di fronte a clienti adoranti, in piatti-scrigno di infinita eleganza. In quello stesso momento, in ufficio giovani banchieri d'affari giocano al *Vending Machine Challange*: per conquistare il rispetto degli anziani (gavettoni all'incontrario), si sfidano a divorare nel minor tempo possibile il contenuto del distributore automatico M&Ms. Per i sociologi, metafora di ritorno delle loro banche che si sono ingozzate di titoli tossici. Infine, l'Arte. Ha il ruolo-privilegio di precedere e seppellire ogni comportamento umano. Se la Finanza è New York (e lo è) allora New York è il MoMA; per averne conferma, basta scorrere l'elenco dei nomi di chi l'ha fondato, di chi ha donato le sue opere, di chi lo finanzia. Domandiamoci, cos'è il MoMA? La risposta banale la trovate nel suo statuto, nei documenti del suo Board of Trustees, nelle parole dei suoi sostenitori. Io, che non sono fra costoro, l'ho trovata in tanti quadri della sua collezione permanente. Ne cito tre, ogni volta ci passo ore a guardarli, imperdibili. Rappresentano al contempo New York, finanza-cibo-arte, il mondo di ieri e d'oggi, forse di domani. Nel 1931 Salvator Dalì dipinge *La persistenza della memoria*, un titolo bellissimo per un quadro memorabile. In un paesaggio onirico, desolato, con sullo sfondo le coste dorate della sua Catalogna, un orologio d'oro attrae le formiche, ma l'orologio ha perso la durezza del metallo, è morbido, molle come il formaggio (lui lo chiama il *"camembert del tempo"*), imputridisce in fretta, le formiche lo divorano, diventando a loro volta putride. Nel 1902 Edvard Munch dipinge *Madonna*, una figura femminile inquietante, minacciosa ma attraente, di certo adatta, malgrado il titolo, a interpretare tanti ruoli, madre, partner sessuale, strega, forse vampiro, come si conviene al mondo che verrà. La colloca in una curiosa cornice, percorsa da forme simili a spermatozoi impazziti che confluiscono in basso a sinistra, in un esserino simile a un feto rachitico. Chi sarà mai costui? Nel 1993 Charles Ray crea *Romanzo familiare*, in fibra di vetro dipinta, e capelli sintetici. Quattro i personaggi, i genitori e due figlioletti, a immagine della normalità della famiglia americana. Purtroppo è tutto sbagliato, i quattro hanno la stessa altezza, anatomicamente sono perfetti (col

56

dubbio-certezza che la "scala" non sia quella umana),
sono nudi, e solo dagli organi sessuali si capisce che
formalmente sono una famiglia, se fossero vestiti
apparirebbero quattro fratelli, quattro coetanei, asessuati.
Esseri umani che sembrano manichini: feroce
rappresentazione della middle class americana, oggi in
via di scomparsa, causa crisi. Il 99% di questa sta
progressivamente precipitando nel girone dei poveri,
l'1% sta diventando establishment. Però se li denudi,
sono identici. Questa "scala" non umana di Charles Ray,
forse preistorica (umanità di ritorno?), mi inquieta ogni
volta. Ho una domanda ricorrente, a cui non ho una
risposta, neppure un accenno di risposta. Siamo immersi
in un mondo dominato da costoro, sono tutti identici
(solo il DNA li differenzia), rifatti, asessuati, si agitano
freneticamente pur rimanendo fermi, parlano in
continuazione senza dire nulla, non ascoltano, e nessuno
ascolta i loro discorsi fatti di slogan ripetitivi, sfilze di
banalità, locuzioni plastificate. Sono tutti della stessa
età (indefinita), dallo sguardo perennemente perso nel
vuoto. Che ne sarà dei miei quattro nipotini, tre
femmine e un maschio che ho scoperto, con gioia, hanno
una "scala" banalmente normale?

www.ingramcontent.com/pod-product-compliance
Lightning Source LLC
Chambersburg PA
CBHW070947210326
41520CB00021B/7094